LA VIDA CUÁNTICA

UNA EXISTENCIA PLENA DE MILAGROS

DUKE TATE

ISBN 978-1-951465-45-2 paperback
ISBN 978-1-951465-46-9 epub

Pearl Press
135 Jenkins Street
Ste. 135B, #133
Saint Augustine, Florida
32084

ADVERTENCIA

Ten en cuenta que ciertos suplementos y protocolos de desintoxicación pueden causar una reacción corporal severa en algunas personas. Por favor, procede con precaución al utilizar estas sustancias y protocolos.

Este libro no pretende ser un sustituto del consejo médico profesional, y no debe ser considerado como una recomendación tanto personal como referida a tu salud. Siempre es importante recurrir a tu médico, u otro profesional de la salud calificado, para evacuar cualquier duda o pregunta que acaso tengas con respecto a tu salud o a una condición médica.

ÍNDICE

1

EL PROBLEMA

Cuando a mis veinte estaba padeciendo (y mucho) la enfermedad de Lyme, tuve muchos sueños vívidos, algunos de los cuales relato en mis otros dos libros de esta serie. Uno de ellos en particular me hizo sentir muy bien. Estaba de pie en una habitación mirando la cama sobre la cual estaba dormido en ese momento. En dicho sueño, la habitación – que en la "realidad" es de un color más bien opaco – era blanquísima y la luz del sol brotaba a través las ventanas, algo que raramente ocurría. Sobre la cama había un bello bebé. A mi derecha, un Sufi vestido con una bata verde señaló al crío y dijo: "Esto es lo que eras, ahora mira en lo que te has convertido."

Cuando tuve este sueño, yo estaba bastante afectado por la Enfermedad de Lyme y todavía lidiaba con las turbulencias emocionales de mi pasado. El sueño sirvió como un espejo en el cual vi reflejado cuánto me había apartado de aquel niño inocente que una vez fue enviado aquí desde la Realidad... aquel lugar perfecto desde el cual todos hemos surgido a la vida.

Durante los años posteriores a dicho sueño mis maes-

tros Sufis me han ayudado a desprogramar mi condicionamiento, que ha sido lo más importante que he hecho para
transformar radicalmente mi vida.

Todos nuestros deseos, carencias, lo que pensamos,
elegimos, creemos: todo se debe a la influencia de los
mayores que nos rodeaban cuando éramos apenas niños.

A los dieciocho años tuve mi primera experiencia espiritual. Había tomado LSD con algunos amigos y estábamos
bailando al son de música hippie en la orilla del lago en
Madison, Mississippi, rodeados de una fría noche durante
las vacaciones de Navidad; el negro cielo despejado estaba
salpicado de estrellas. Como un derviche girador Mevlevi,
di vueltas y vueltas en círculo durante mucho tiempo. De
repente, mi espíritu dejó mi cuerpo y ascendió a lo alto del
cielo sobre el lago. Estaba mirando desde allí a mi grupo
de amigos cuando una conciencia interna me dijo: "Estás
con esta gente ahora mismo porque eres de este lugar y
creciste con ellos". Y un minuto más tarde fui repentinamente traído de nuevo a mi cuerpo. Mi amigo Davis me
preguntó: "Oye, hombre, ¿qué te pasó en ese momento?
Parecías estar en otro lugar... "; y ahí le conté lo que me
había sucedido.

Estoy totalmente en contra del uso recreativo de las
drogas, y creo que el giro de los derviches de Mevlevi es algo
repetitivo y anacrónico, tal como se lo utiliza en estos días.
En cualquier caso, esta experiencia me hizo cuestionar mi
vida, quién era, qué hacía y hacia dónde me estaba diri-
giendo. Toda mi identidad estaba tan atrapada en mis raíces
sureñas (Mississippi) y en mi grupo social de aquel entonces, que para mí la clave fue romper con todo ello.

Encontrar una salida de esta madriguera de conejo es un
problema que solo nosotros, como individuos, podemos
solucionar: nadie más puede hacerlo. Mi querido Sufí Ali

Dede dijo que este condicionamiento se puede deshacer por tres métodos:

1. Una tecnología como la tradición Sufi
2. Técnica de liberación emocional (EFT)
3. Constantes afirmaciones positivas

Al número 2, quiero añadir los códigos de curación del Dr. Alex Loyd. Tanto si usas uno como todos estos, tiene que ser un trabajo interno y solo *nosotros* podemos hacer nuestro propio trabajo. Dede me dio una bicicleta, *pero fui yo quien tuvo que pedalear*.

Uno de mis puntos fuertes es que no me rindo. Soy muy persistente[1]. Al crecer, estuve completamente desprovisto de este importante rasgo. Dejaba todo lo que empezaba. Saltaba de un deporte a otro. Un año era el fútbol, al siguiente la equitación inglesa, y al año siguiente los bolos. Era bueno en todo pero *nunca sobresalía* en nada, algo que es bastante opuesto al famoso lema Sufi: ser el mejor en lo que hagas. En parte, ello se debió a mi falta de perseverancia. El Dr. Greg S. Reid discute en su libro, *Stickability*, que la perseverancia es el rasgo número uno que las personas exitosas tienen en común. Para ellas, nunca es una cuestión de si alcanzarán su objetivo... sino de cuándo.

Al superar la Enfermedad de Lyme y las dolencias crónicas que me acechaban, básicamente no tuve más remedio que seguir mejorando, a pesar de que me llevó años y años de duro trabajo y estudio. *¿Qué opción tenía?* Era seguir con la recuperación o estar enfermo, y no me iba a permitir seguir enfermo. No podía soportar la idea de tener que indefectiblemente estar enfermo mientras los demás se sentían bien. ¿Por qué ellos y no yo?

Esa pegajosidad, combinada con tener un médico

brillante y un mentor sufí en Ali Dede, me permitió trabajar a través de enormes cantidades de condicionamiento con TLE y los códigos de curación del Dr. Alex Loyd.

Todos tenemos un montón de basura que recogemos de nuestra infancia. La guardamos en nuestros corazones y afecta todos los aspectos de nuestras vidas. Bruce H. Lipton, Doctor de la Universidad de Stanford, afirma en su libro *La biología de la creencia* que la investigación muestra que los recuerdos son lo que afecta a nuestras células y no nuestros genes, tal como se pensaba tradicionalmente. Su investigación ha demostrado que el 95% de todas las enfermedades crónicas son causadas por el estrés. El 5% restante es genético, causado por el condicionamiento de las células de los antepasados. (Bruce Lipton, 2016). El sistema inmunológico requiere un estado de paz en el cuerpo para funcionar correctamente. Este es un punto muy importante que merece ser enfatizado. Te guste o no, el estrés puede literalmente enfermarnos al suprimir nuestro sistema inmunológico, cuya misión es combatir las infecciones.

Esto es bastante interesante, pues Ali Dede me dijo que el trastorno de bipolaridad es causado por la falta de amor en la infancia. En otras palabras, *los malos recuerdos* pueden hacer que una persona sea bipolar. De lo que estamos hablando ahora es de recuerdos *celulares*. Todo lo que percibimos como malo o bueno cuando nos sucedió - en gran parte determinado por dónde, cuándo y cómo nos manifestamos en este plano - se almacena en nuestros corazones y afecta a todas las células de nuestro cuerpo, ya sea de buena (si es un recuerdo positivo) o de mala manera (si hay una mentira escrita en la memoria).

Ali Dede me dijo una vez: "Mantén una frecuencia muy alta en tu corazón, querido Duke, y siempre estarás bien."

2

SALUD CUÁNTICA

En cuanto a las enfermedades crónicas, la fuente del problema – tal como escribe el Dr. Bruce Lipton – son las mentiras escritas en las memorias celulares almacenadas en el corazón debido al condicionamiento. Pueden conducir a problemas físicos, pero la fuente es la memoria traumática que causa estrés.

Nuestros cuerpos están hechos de energía. *Somos seres energéticos.*

Los chinos creen que cuando desarrollamos una enfermedad, hay un bloqueo energético a lo largo de los puntos meridianos de nuestro cuerpo. Dede dice que cuando una persona está 100% bien, su energía o *qi* se centra en el *tantien* inferior, traducido literalmente como "elixir del campo de la vida". Este importante centro de energía en el campo de la práctica china del Qi-Gong, está a tres dedos debajo del ombligo y a tres centímentros detrás de él.

Hay varias formas de devolver la energía propia al *tantien* inferior, que ahora voy a repasar en profundidad.

La primera es la práctica de la respiración del corazón, mientras se sienten los pies.

La respiración del corazón que menciono en los dos primeros libros de esta serie[1], la cual fue desarrollada por el Instituto Heartmath en Big Bear Lake, California, es una forma de respiración creativa que produce niveles coherentes de variabilidad del ritmo cardiaco (HRV). Para practicar la respiración del corazón, imagina que la respiración que entra en tu cuerpo lo hace a través del centro del corazón; luego piensa en algo por lo cual estés agradecido mientras respiras de esta manera. Puedes comprar un dispositivo *emWave* a través de la página web de Heartmath para monitorear tu progreso.

Otras dos herramientas que eliminan los bloqueos de energía en el cuerpo y deshacen el condicionamiento, que también menciono en mis dos libros anteriores de esta serie,[2] son la Técnica de Liberación Emocional (TLE) y la Terapia del Campo del Pensamiento (THCP). La TLE es una forma emocional de acupuntura que consiste en dar golpecitos en los puntos meridianos mientras se repiten ciertas afirmaciones positivas. La THCP, por otro lado, consiste en tocar puntos específicos de los meridianos chinos en un cierto orden pero sin realizar afirmaciones.

Durante más de trece años sufrí de una ocasional disfunción eréctil. Finalmente logré curarla de forma permanente, eliminando el bloqueo energético que la causaba a través del *tapping* con TLE durante cuatro días mientras miraba un vídeo titulado "Problemas sexuales" en el canal de Brad Yates sobre TLE en YouTube. ¡Había intentado absolutamente todo para arreglarlo externamente y esto fue lo único que funcionó!

La antigua práctica china del Qi-Gong, o Chi-Kung, es una serie de movimientos, respiración y ejercicios que cultivan y aprovechan el *qi* o energía vital en el cuerpo y ayudan a centran la energía en el *tantien* inferior. Dede dice que el simple hecho de realizar a diario el movimiento Pa Tuan Chin Qi-Gong puede ayudar gradualmente a que una persona logre y mentenga una excelente salud.

Desarrollado por el general chino Yueh Fei en el siglo XII, y derivado de dieciocho ejercicios que el Bodhidharma recomendó a los monjes Shaolin ocho siglos antes, el Pa Tuan Chin fue practicado diariamente por los soldados del general para mantener su salud y preparar sus cuerpos para las difíciles artes marciales.

El Maestro Lin, un maestro chino de Qi-Gong en Minnesota, desarrolló otra forma de Qi-Gong verdaderamente beneficiosa llamada *Spring Forest* Qi-Gong (del Bosque Primaveral). La Clínica Mayo incluso ha probado científicamente que su método reduce el estrés.

Otra forma de centrar la energía en el *tantien* inferior es a través de Códigos de Sanación del Dr. Alex Loyd. Personalmente tuve una experiencia con una dolencia muy persistente y problemática en mi cerebro que puede haber sido un coágulo de sangre menor. Aunque me hice una resonancia magnética, el diagnóstico nunca fue confirmado por ese o cualquier otro estudio.

En aquel entonces todavía mantenía un nivel muy alto de salud física, emocional, mental y espiritual. Me había curado de la Enfermedad de Lyme, de la sensibilidad química múltiple (SQM), de una esofagitis eosinofílica confirmada médicamente y superado la disfunción eréctil: todo esto usando la energía espiritual de Dede, la terapia de oxígeno, una nutrición de alta calidad, varios nutrientes, pensamiento positivo / afirmaciones y TLE. Pero ahora ninguna de esas cosas funcionaba para mejorar ese malestar cerebral, y yo estaba realmente angustiado. Había usado TLE probablemente 400 veces para este tema sin lograr un cambio sustancial.

Esta dolencia en particular causaba una especie de entumecimiento en el lado izquierdo de mi cabeza por las mañanas. También era bastante agudo después de entrenar intensamente con pesas o de correr, y luego de beber alcohol. Literalmente, el consumir una mínima dosis me garantizaba un despertar con dolor de cabeza. Por lo general podía ignorarlo y fingir que no estaba ahí, llevando una vida relativamente normal en apariencia; incluso trabajando hasta catorce horas al día en ocasiones. Mi salud celular era bastante alta, pero todavía tenía esta única dolencia... y me volvía loco.

Lo único que parecía mejorarlo era beber café por la mañana, del cual me había abstenido durante muchos años. De todas formas, estaba decidido a volver tener una salud perfecta y uniforme en todos los sentidos y a no depender del café para mantener el vigor.

En primer lugar, el café no da energía: y *ya lo sabía* pues Dede me había dicho que jamás hay energía en el café. El café en realidad crea estrés en el cuerpo al desencadenar el mecanismo de huida o de lucha, lo que a su vez hace que se liberen varias hormonas del estrés. Estas hormonas dan la ilusión de más energía, pero lo que realmente sentimos es estrés.

Probé todos los nutrientes que había investigado en línea para esta enfermedad, pensando que debía haber algo que pudiese eliminar el problema. Suponiendo que mi dolencia seguramente sería algún coágulo microscópico que la resonancia magnética no pudo percibir, probé con suplementos de oxígeno, agua enriquecida con oxígeno, un suplemento de pimienta de cayena, vitamina E, cúrcuma, todos los anticoagulantes habituales... pero nada de eso le hizo ni cosquillas.

Finalmente, consternado, le escribí a Dede sobre ello y

me recomendó una terapia verdaderamente notable llamada *Brainspotting*[3]. Inmediatamente encontré una profesional en Orlando, Florida, y concerté una cita con ella.

Brainspotting fue desarrollado por el terapeuta David Grand mientras utilizaba la terapia de Desensibilización y reprocesamiento por movimientos oculares (EMDR son sus siglas en inglés), una terapia basada en la premisa de que el movimiento de los ojos puede desbloquear ciertos traumas almacenados en el cuerpo. Un día, mientras trabajaba con EMDR, un cliente de Grand tuvo una catártica liberación de emociones cuando se detuvo y se enfocó en un punto específico con sus ojos. Este avance llevó a Grand a desarrollar la terapia conocida hoy como *Brainspotting*.

Mi primera sesión con la profesional de Orlando fue muy bien. Tuve buenos resultados con mi problema en la cabeza ya que redujo significativamente el entumecimiento. Utilicé la técnica durante unas semanas por mi cuenta después de volver a casa. Sin embargo, nunca pude eliminar totalmente la dolencia.

Entonces le volví a escribí a Dede para informarle de mis progresos, y me sugirió que leyera el libro del Dr. Alex Loyd *El código de curación*. El día que recibí el libro, lo leí todo de un tirón y empecé a usar los códigos de inmediato.

El Dr. Loyd tiene una historia realmente notable.

Cuando su esposa, poco después de su casamiento, cayó presa de una depresión tras serle diagnosticado un desorden bipolar, él – en aquel entonces un pastor – buscó sin cesar una cura, llegando incluso a rezar por ella todos los días durante doce años. Su esposa y él agotaron todos los tratamientos que pudieron encontrar, pero nada funcionó para eliminar su depresión.

Un día, mientras volaba a casa tras un seminario de física cuántica en Los Ángeles, el Dr.Loyd estaba rezando por su esposa que había sufrido un ataque muy grave de depresión y soledad. De repente, vio en su mente un conjunto de códigos curativos para ayudar a una persona a superar cualquier estrés y enfermedad en su vida. Durante las siguientes tres horas, los transcribió en su cuaderno de notas... y el resto es historia.

Estos "códigos" consisten en ubicar las manos sobre diferentes partes del cuerpo — por ejemplo el rostro, la cabeza, el cuello, pero sin tocarlas — para abordar para abordar diferentes problemas y condiciones. Antes de realizarlo, el individuo piensa en la memoria traumática, luego califica la incomodidad en una escala de 0 a 10 (10 siendo lo peor y 0 como inocuo). Después de eso, el individuo selecciona su afirmación de verdad que siente que es la más apropiada para su problema, y se recita una oración especial proporcionada por Alex. Luego, se mantiene la primera posición de manos. Mientras mantiene la posición, el individuo se enfoca en la afirmación de verdad. Luego, se mantienen las posiciones subsecuentes.

Quedé enganchado desde que usé el primer código.

En los días siguientes comencé a experimentar una dramática mejoría en mi cabeza, y continué usándolos durante muchos meses después. Desde entonces he vuelto a entrenar con pesas e incluso he alcanzado mi objetivo de toda la vida de hacer una serie completa de 8 repeticiones de 102 kilos (press de banca), evitar el café y beber alcohol sin dolor de cabeza a la mañana siguiente.

Aún hoy uso los códigos, siempre con resultados sorprendentes. He liberado en minutos problemas de mi infancia que afectaban todos los aspectos de mi vida sin que yo lo supiera.

A continuación, me gustaría compartir algunas de mis

experiencias utilizando estos códigos, ya que podría ayudarte a que entiendas cómo funcionan y operan.

De jovencito yo era terriblemente tímido con las chicas de mi edad. Un día, estaba nadando en un parque de olas llamado *Rapids on the Reservoir* en Ridgeland, Mississippi, cuando una chica se acercó y me dijo que su amiga gustaba de mí. En ese momento, yo estaba parado junto a la piscina de olas con una playera empapada (las usaba porque protegían mi pálida y pecosa piel del sol). Solía quemarme terriblemente. Apenas me lo dijo, me di vuelta y le mostré el dedo mayor. Naturalmente, se asustó y salió corriendo.

En aquel entonces estaba tan cohibido por mi apariencia, cubierto con incontables pecas y cabello rojo – tan distinto a casi todos mis amigos – que me parecía imposible que alguien pudiese gustar de mí.

Al principio, creo que respondí como si fuera una broma, ya que a menudo era criticado durante el recreo en el campo de fútbol por varias chicas lindas de mi clase. Pero en mi corazón sentí que el mensaje de la chica era sincero, y tal vez eso fue aún más doloroso de enfrentar que cualquier rechazo que ella pudiera expresar. Me estaba rechazando a mí mismo antes de que ella pudiera.

El pensamiento de este recuerdo solía traerme lágrimas a los ojos, pero desde que uso estos códigos de curación, ya no me las inspira. Y es apenas uno de los muchos recuerdos enterrados de mi pasado que curé usando esta tecnología especial.

Ahora compartiré otro ejemplo con ustedes.

He amado el agua desde que era un niño. Mi película favorita siempre ha sido *What Lies Beneath*[4] (2000), una inquietante historia de fantasmas ambientada en Addison, Vermont. Estaba tan obsesionado con esta película que quería mudarme a Addison, un pequeño pueblo en el lago

Champlain junto a Burlington, la capital de Vermont. Hice innumerables viajes allí para visitar a mis amigos y siempre me encantó.

¡Alerta de *spoiler*! En el film, el personaje de Harrison Ford – un profesor – tiene un affaire con una estudiante, y cuando ella amenaza con contárselo a su esposa él la asesina y arroja su cuerpo al lago detrás de su casa. Su esposa, interpretada por Michelle Pfeiffer, comienza a ser visitada por el fantasma de la chica. Ella le cuenta repetidamente al personaje de Ford acerca de estas visitas, hasta que finalmente la droga para que no se pueda mover y la pone en la bañera con un agente paralizante para ahogarla.

Una vez que empecé a trabajar con *Los Códigos de Curación*, la razón de mi obsesión con la película se hizo evidente. Un conocido mío había intentado ahogarme en la piscina de nuestro vecindario cuando era más joven. Estábamos jugando, pero duró demasiado tiempo y se sintió muy real... y yo no podía respirar. Quería darle un puñetazo en la ingle, pero sabía que eso solamente lo provocaría más; y llegué a pensar que de todas formas no me dejaría ir. Cuando finalmente alcancé la superficie, estaba realmente asustado y jadeando por aire.

Lo irónico es que cuando era más chico, siempre tuve muchísimas ganas de tomar agua. Solía beber mucha más agua que la mayoría de los niños de mi edad. Si no ingería muchos líquidos fríos, mi boca se secaba tanto que pensaba que me iba a morir. Durante aquellos campamentos de verano infantiles, mi madre tenía que entregar a la enfermería de la escuela una nota que decía "mi hijo necesita beber más agua o líquidos que la mayoría de los niños". Y recuerdo esos días de calor abrasador, esperando con el paladar seco a que se abriera la choza de la merienda a las tres de la tarde en el campamento. No podía esperar para tomar mi gaseosa de uva Welch o mi zarzaparrilla. Me lo bajaba todo de un solo trago. Es como si todavía estuviera jadeando por aire, pero bebiendo el agua con la que casi me ahogo. Este evento fue uno de los problemas clave que causó mi problema de cabeza.

Cargué con este hecho durante años, sin saber cómo estaba afectando mi vida y comportamiento. Amaba el agua, y solamente quería vivir en el agua y estar alrededor de la piscina todo el tiempo, como si tal vez estuviera tratando de resolver un misterio de mi infancia. Me hacía tener miedo de la gente, pensando que el peligro estaba al acecho en cada momento. Algunas cosas en nuestra vida son tan obvias... están ahí delante de nosotros, justo debajo de la superficie: pero aun así no las vemos.

También me gustaría compartir con ustedes un ejemplo de una liberación de TLE. Esto ocurrió con un video titulado "Miedo a no mejorar nunca" en el canal de YouTube del maestro de EFT Brad Yates. Si no conocen a Brad, es un practicante excepcional de EFT y animo a todos a que trabajen con él, compren todos sus libros y vean sus maravillosos videos de intervención en YouTube.

Este video de TLE me ayudó enormemente porque se trataba de limpiar de mi sistema energético el miedo de estar enfermo. Cuando una persona está enferma durante mucho tiempo como yo, una parte de nosotros comienza a temer que la condición nunca se irá. Tenemos tanto miedo de estar enfermos, que estamos constantemente luchando y rechazándolo de alguna manera. Al apartarlo de esa forma, solo estamos logrando que se manifieste una y otra vez, porque el miedo en sí es fuerte y la atención está siempre en el problema y no en la *solución*. El hacer *tapping* con este video diariamente durante unas semanas me ayudó a despejar una gran parte de este miedo que se seguía manifestando en mi vida.

3

TECNOLOGÍAS DE LA ESPIRITUALIDAD

E n el año 1990, cuando yo tenía diez años, mi madre Charme Tate tuvo una profunda experiencia mística en nuestra casa de Jackson, Mississippi, que cambiaría la vida de toda nuestra familia para siempre.

Un día, ella estaba de pie en la cocina cortando una zanahoria y sintiéndose muy deprimida por algunas de las circunstancias de nuestra familia en ese momento. El hijo de un muy querido amigo nuestro era alcohólico y había estado viviendo con nosotros temporalmente, hasta que mi madre se vio obligada a pedirle que se fuera.

De repente, mientras era abrumada por la angustia, vio esta cegadora luz blanca y vislumbró todo el pasado y el futuro. Vio cascadas de energía que se precipitaban delante de ella y que iban acompañadas de una profunda sensación de paz. Sabía que, si se movía hacia la luz, moriría; y algo le dijo que necesitaba quedarse atrás para criarme.

La semana después de la experiencia, mi madre dijo que se sentía muy tranquila y relajada. Recuerdo esa semana como si fuera ayer porque me contó su experiencia y pasamos una tarde jugando a la pelota, que era una actividad normalmente reservada para disfrutar con mi padre.

Después de ese día mi madre se unió a la iglesia episcopal, comenzó a leer muchos libros espirituales y estudió profundamente el sistema de personalidad del Eneagrama. Esto eventualmente me condujo hacia un interés más profundo en el Sufismo, ya que la teoría del Eneagrama es un modelo Sufí traído a América por el místico Sufí rusoarmenio George Ivanovich Gurdjieff (1877 - 1949).

Sucede que el abuelo de mi madre, Wilbur Buckner, tuvo una experiencia similar. Mientras caminaba por el bosque durante sus rondas como cartero en 1919, fue golpeado por una luz blanca cegadora y se desplomó, dejando caer su bolsa de correo. Después de ese momento, supo que quería ser un predicador. Fue pastor bautista toda su vida y a menudo atendía a los enfermos y moribundos. Mi madre me dice que él podía ver el espíritu de una persona moribunda dejar su cuerpo.

Ambas experiencias me impactaron profundamente, porque sabía que había algo más en la vida que lo banal. Dios fue parte de mi vida desde el momento en que mi madre tuvo esa experiencia, y la búsqueda de la verdad nunca me ha abandonado.

Dado que nací el día antes del 4 de julio, parece que toda mi vida se ha centrado en el tema de la independencia. Tengo una obsesión abrumadora con la libertad, sobre todo en lo que se refiere a la decisión personal de elegir los alimentos que comemos, las ideas que tenemos, los caminos religiosos que seguimos, el papel moneda que usamos y cómo se lo manipula, y el estar libres de ideas y prácticas destructivas. Cualquier cosa puede convertirse en una forma de esclavitud si lo permites. La televisión, un reloj, la música, otra persona, la fama, ¡cualquier cosa! putos

Una tecnología espiritual como la tradición Sufí puede liberarnos de nuestro condicionamiento, dice Dede. Déjame darte un ejemplo muy importante de mi propia vida y de cómo la tradición me dio las herramientas para liberarme de algunos de mis condicionamientos.

Crecí esclavo de las películas y vivía para verlas.

Durante mi tiempo con Ali Dede – aunque estaba pasando por mucha curación y trabajo interno relacionado con mi salud que, de hecho, ocupaba mucho tiempo – estaba tan obsesionado con las películas que a menudo descuidaba los más importantes ejercicios internos que aceleran la iluminación. En cambio, veía películas todas las noches... y a veces también todo el día. También descuidé algunas lecturas espirituales muy importantes. La televisión se había convertido en mi iglesia. No hay que descartar las artes cinematográficas – hay algunas películas verdaderamente profundas y maravillosas por ahí –, pero en aquel entonces estaba enfocado en adormecerme y estar visualmente entretenido todo el tiempo, *no en aprender*. Era una forma de dormirme en vida. En ese momento estaba tan crónicamente estresado por los problemas de la infancia que no estaba listo para despertar. putos

Jamás conocí a alguien que amase el cine tanto como mis padres. Las décadas del 80 y 90, las de mi infancia, fueron épocas de grandes películas como las de John Hughes, y otras también. Films como *What About Bob?*[1] (1991), *Home Alone*[2] (1990) y *The Great Outdoors*[3] (1988) estaban en cartelera todas las semanas.

Para mi familia, ir al cine era lo mejor que se podía hacer en un fin de semana. Como resultado, me apegué mucho a las artes cinematográficas. Cuando era niño, hacía maratones de películas de todo tipo. Percibiendo este deseo en mí, durante años mi guía solamente me permitía ver películas y televisión (excepto las noticias vespertinas) los viernes y sábados por la noche. Al principio este ejercicio fue difícil de soportar – casi intolerable –, pero finalmente dejé ir mi deseo. Y cuando finalmente se me permitió ver lo que quería en el momento que quisiese, ya no me importaba. Esto permitió que mi amor por la lectura también se renovase, y encontré aún más valor en los libros que antes. Hoy en día soy un lector voraz, y me encanta aprender a través de la lectura. La receta para curar mi obsesión con las películas fue dejar de mirarlas compulsivamente durante algún tiempo hasta que pude liberarme del deseo.

Otra cosa que ha roto gran parte de mi condicionamiento es ser criticado de forma saludable por mi guía espiritual. Al principio estaba enojadísimo, casi furioso por ser criticado; pero después de un tiempo aprendí a ser neutral ante la crítica. Asimismo, esta neutralidad se transfirió a otras áreas de mi vida. Poco a poco comencé a descubrir que, si alguien me atacaba verbalmente por mis creencias o por algo que había dicho, podía sentirme cada vez más fuerte pues era capaz de desapegarme de todo ello. También descubrí que era capaz de dejar un delicioso plato de comida a medio terminar, sin morirme de ganas por comerlo todo. Una vez sentí una especie de extraña compulsión, inherente a mi naturaleza y posiblemente condicionada desde la infancia o debido a mi tipo de personalidad 8 según el eneagrama (alguien que tiende a la obsesión por la sobreestimulación y que por lo tanto tiende a abusar de las cosas), de consumir cosas como si fuera un incendio forestal, quemando cualquier cosa con la que entrara en contacto.

Esa compulsión había estado totalmente fuera de mi control, causando que abusara de ciertas cosas como el tabaco, té, alcohol, café, la comida grasosa, el azúcar... incluso las compras. Ahora podía estar en el momento, desprenderme de la compulsión y **elegir** abstenerme de estas cosas, aunque sea apenas por un día. Haciendo esto repetidamente creé un cierto sentimiento sereno de bienestar y calma, y en mi interior sentí que finalmente había alcanzado cierto estado de felicidad.

El ayuno también ha sido muy beneficioso para eliminar mi dependencia de la comida no saludable. Considero que el ayuno intermitente, o no comer durante un período entero de dieciséis horas y luego comer durante las otras ocho horas en un día, es una práctica verdaderamente útil. Después de ayunar un tiempo, uno aprende a apreciar el sabor sutil de los alimentos. También te das cuenta de que puedes funcionar sin comida temporalmente e incluso sentirte más ligero y con claridad mental con menos comida en tu sistema. Sin embargo, no aconsejo a nadie que ayune por períodos prolongados sin la guía de un especialista.

Una vez, durante mi viaje como buscador de la verdad, deseaba tanto un sabroso trozo de carne que mi segundo Maestro Sufí – a quien por ahora mantendré en el anonimato – eliminó psíquicamente toda la energía de mi cuerpo y de mi ser. El mundo se sentía completamente muerto y vacío. Nada tenía vida y no tenía ni hambre; y cuando comía, el alimento sabía a cartón. Le pregunté qué había hecho, y me respondió que me estaba mostrando que solamente Dios era mi sustento... *no la comida*. Lo que me dio energía fue la Realidad, y no la comida en sí. Después de unas horas, ella me devolvió la energía.

Aparte de todo lo anterior, la lección acerca del condicionamiento más importante que he aprendido en la tradición sufí es cómo estar quieto y ser uno con el siempre presente momento del ahora. Cómo abstenerse de hacer otra cosa solamente para mantenerse ocupado. Cómo sentarse durante largos períodos de tiempo y no hacer nada y estar bien con eso. Dado que crecí en Occidente, estaba obsesionado con hacer algo todo el tiempo con la sola intención de estar ocupado. Pero no necesitamos llenar cada momento con la contaminación acústica y la estimulación visual de la TV, los teléfonos, la música y los ordenadores. Tenemos que aprender a respirar, a estar en la naturaleza y a centrarnos en lo que realmente importa: nuestro interior.

Dale una mirada al canal de YouTube de Ali Dede para ver los ejercicios internos gratuitos de la gran tradición Sufí: https://bit.ly/2RVToFW

Los típicos cuentos enseñantes de la gran tradición Sufí también aceleran el crecimiento interior. Puedes acceder a miles de ellos en los libros del Maestro Sufí Idries Shah (1924 - 1996), disponibles para su compra en el sitio web de la Fundación Idries Shah y en las librerías en internet. Hay muchos otros gratis en el canal de YouTube de la ISF (ver recursos al final de este libro para enlaces). Algunas de estas historias son sobre el sabio tonto Nasrudín. Otros son cuentos enseñantes más elaborados, pero todos contienen muchos niveles de comprensión: en la superficie, pueden hacernos reír o entretenernos, mientras que a un nivel más profundo nos permiten transformarnos al revelar cosas sobre la vida y sobre nosotros mismos que tal vez no hayamos percibido previamente. De esta manera, son planos maestros para la mente.

En 2003, cuando estaba en plena búsqueda de un maestro sufí, escribí a la autora británica ganadora del Premio Nobel de Literatura, Doris Lessing, para pedirle ayuda. Sabía que ella había sido una discípula de Idries

Shah y pensé que podría indicarme la dirección correcta. En ese momento, le dije que había leído casi todos los libros de Shah (son más de cuarenta) y que esperaba estar listo para dar el siguiente paso y encontrar un maestro Sufi.

Poco después me escribió una carta, diciendo que mi deseo de tener un maestro era alarmante para ella y que antes debería releer todos los libros del Shah... que había muchísimo que aprender de ellos. Comparto esto con ustedes porque estos libros son espiritualmente instructivos y preparatorios en sí mismos. Al tiempo me di cuenta de que – sin quererlo – Idries Shah había sido mi primer maestro a través de sus libros.

OTRA TECNOLOGÍA que ha sido beneficiosa para mí fue desarrollada por el Dr. Frank Kinslow, un médico quiropráctico de Florida con sede en Sarasota. El Entrenamiento Cuántico, que según Dede es similar en muchos aspectos a la tecnología de la Tradición, proporciona ejercicios interiores como La Técnica de la Puerta, el Ejercicio de Sensación y el *EuFeeling*, que están diseñados para desarrollar el ser interior del humano, colocándolo en un estado de paz y bienestar.

A partir de mi experiencia personal luego de trabajar con el Entrenamiento Cuántico y de leer la mayoría de los libros de Kinslow, puedo dar fe de que tienen beneficios profundamente positivos. Al practicar EuFeeling, se le pide al estudiante que note el espacio entre los pensamientos y que luego observe qué EuFeeling siente. Esta observación del espacio entre los pensamientos detiene el ego, creando una conexión con el yo interior que se une a las frecuencias más altas de Amor, Gracia, Paz, Agradecimiento y Alegría.

Esto se expande a medida que uno mejora con el tiempo. En última instancia y aunque no seamos conscientes de ello, ya somos seres espirituales. ¡El Entrenamiento Cuántico nos devuelve allí de nuevo en un instante! (Véase la sección de recursos al final de este libro para obtener más información sobre el QE.)

4

HERRAMIENTAS CUÁNTICAS

En este capítulo voy a abordar algunas otras terapias y herramientas que creo que son dignas de mención, y son más cuánticas en su aplicación. La primera es el café.

Si has leído mis otros libros, sabrás que mi sustancia favorita en el mundo sobre la cual hablo sin parar es el café. En primer lugar, me encanta. Desafortunadamente, también me convierto en un manojo de nervios después de una sola taza; ni siquiera puedo tolerar media taza de este café especialmente preparado del que les hablaré ahora... pero quizás si el café les cae bien y lo van a beber de todas formas, conocer esto podría resultarles útil.

Hace poco Dede me informó que el café, cuando se prepara adecuadamente, puede tener un efecto realmente beneficioso para la mente. Esta revolución, llamada la Cuarta Ola, está bien documentada en el libro *The Fourth Wave: A Fresh Roasting Revolution,* de Asher Yaron.

Yaron, que vive en Bali, describe la forma en que el café era tostado, molido, preparado y consumido de inmediato cuando se lo utilizó por primera vez en los monasterios

Sufis. Este proceso, conocido como "tostado fresco", produce no solo el café de mejor sabor sino también un café con un efecto espiritual en la mente y el cuerpo. Es más o menos equivalente a la diferencia entre los jugos de verduras y frutas cocidas y los jugos frescos y crudos. Cuando el café se prepara de esta manera, todos los antioxidantes están todavía intactos.

Dede afirma que el único problema de consumir cualquier café, incluso el recién tostado y elaborado, es una deficiencia de magnesio. El suplementar con 500 mg de magnesio al día lo remedia.

La siguiente terapia es el hidrógeno.

Dede sostiene que uno de los desarrollos vinculados a la salud más importantes de este siglo es el generador de agua que produce hidrógeno molecular. El que me recomendó, y el único que uso, es *LevelWayUp: Glass Hydrogen Water Bottle Generator*, disponible en internet (ver enlaces en mi sitio, aquí: https://www.duketateauthor.com/gifts). Este generador de hidrógeno de vidrio es asequible, cuesta solamente 90 dólares y libera hidrógeno molecular en el agua en unos tres minutos después de poner en marcha la máquina. El agua debe ser consumida directamente después de que el generador termine, ya que el hidrógeno se disipa rápidamente luego de ser fabricado.

El hidrógeno molecular (símbolo H y peso atómico de 1,008 en la tabla periódica) es el antioxidante más poderoso del mundo. Es mil veces más poderoso que la vitamina C y también es el elemento más pequeño que existe (casi 100 veces más pequeño que la vitamina C), lo que le permite penetrar en nuestras células donde puede eliminar los radicales libres en su origen. A diferencia de otros antioxidantes, el hidrógeno puede distinguir entre los radicales libres benignos y nocivos, y solamente apunta a estos, los cuales se convierten en agua cuando se une a ellos. (Primo H2, n.d.) Se han realizado más de 350 estudios científicos sobre los beneficios del hidrógeno. Puedes aprender más en la sección de recursos de este libro.

Cuando viajo, tomo cápsulas de Primo H2 para no tener que llevar el generador de agua.

LIDIAR con enfermedades crónicas de cualquier tipo es realmente un desafío, seas o no una persona espiritual. Yo sé... tuve toda una gama de enfermedades aparentemente incurables desde los diecinueve hasta los veintinueve años. Una década de sufrimiento.

Cuando escribí el primer libro de esta serie, *Returning to Freedom: Breaking the Bonds of Chemical Sensitivity and Lyme Disease,* me decepcionó el escaso número de páginas que contenían lo que tenía que decir sobre el tema; siempre me había imaginado escribiendo un gran libro de quinientas hojas sobre mi viaje, pero la verdad es que muchos días durante ese período de diez años fueron bastante aburridos... casi insoportables.

¿Quién quiere leer relatos exhaustivos acerca de cómo yo miraba películas todo el día acostado en la cama? Puedo decirte que he visto casi todas las películas que se han hecho, ¡y hasta dos veces! Eso es lo que haces cuando no puedes trabajar, salir o ir a la universidad. Si tienes una enfermedad crónica, lo más importante es mantener la fe, ser fuerte y recordar que la gente exitosa tiene un solo rasgo en común: la perseverancia. No lo pierdas nunca.

Pensé que el entumecimiento de mi cabeza nunca mejoraría. Pero así fue. Creía que mi disfunción eréctil nunca mejoraría. Pero lo hizo. ¿Y si me hubiera rendido a mitad de camino tratando de librarme de ambas condiciones? No tendría nada que decirte ahora, ¿verdad? Probablemente tampoco estaría casado debido a la disfunción eréctil.

Durante los diez años que estuve enfermo, pasé por todo tipo de emociones humanas: sentir lástima de mí mismo, estar enfadado con el mundo y conmigo mismo, enojado con mis padres... y nada de eso ayudó. Lo que sí ayudó fue hacer las cosas de una manera tranquila, pacífica y extremadamente cuidadosa, con la guía de mis maestros.

Cuando se toma cualquier nueva medicina como el agua hidrogenada, es crucial empezar a paso de caracol. Con esto quiero decir que hay que empezar con 30 ml de agua de hidrógeno el primer día. Hazlo durante unos días, y luego pasa a 90 ml. Si lo toleras bien, pasa a 120 ml y así sucesivamente. Si no te resulta, no lo tomes a la fuerza. No hay remedio universal. Acaso te vaya mejor con cero nutrientes e hidrógeno. Observa qué es lo que funciona mejor para tu cuerpo y nunca fuerces nada. Tienes que sintonizar con lo que tu cuerpo necesita en cada momento.

Cuando tuve candidiasis crónica, que causó mis múltiples sensibilidades químicas, estaba en un estado tan delicado que una sola gota de Cellfood (un suplemento de oxígeno y minerales estabilizados) en el agua me causaba diarrea. ¡Menos mal que no me excedí al principio! Por supuesto, ahora puedo tomar ocho gotas 3 veces al día y no hay problema. ¿Ves cómo funciona?

A veces estaba tan desesperado por sentirme mejor, que forzaba las terapias y tratamientos, solamente logrando como resultado sentirme peor por ello. Nunca <u>fuerces</u> nada. Es difícil ser repetitivo con este tema. El cuerpo es orgánico. Lleva tiempo adaptarse a las cosas. Y no hay dos cuerpos iguales: por ende, nuestras necesidades serán diferentes.

·   ·   ·

En el segundo libro de esta serie de Grandes Viajes: *Regalos de un guía: consejos de un maestro espiritual para una vida plena*, menciono que ciertos lugares: ciudades, iglesias sagradas, santuarios, mausoleos, que tienen una cierta energía espiritual (*baraka*). Puede ser muy beneficioso pasar algún tiempo en estos lugares para la salud y el trabajo interior. Cuando llegué a Tokio, por ejemplo, estaba enfermo como lo había estado antes de partir hacia allí. Después de llegar a mi hotel y despertarme al día siguiente, estaba milagrosamente 100% bien, aunque no había tomado o hecho nada especial para ayudar en mi recuperación. El lugar era así de beneficioso para mi salud.

Ahora, también haré una pequeña reseña de la máquina de pulso cuántico de la que hablo en *Regalos de un guía: consejos de un maestro espiritual para una vida plena*. Si ya has leído ese libro, puedes saltarte esta sección si quieres.

Cuando estaba muy afectado por la enfermedad de Lyme y la sensibilidad múltiple química, una máquina – la *Vibe Machine* – me ayudó enormemente. Mi familia poseía dos de estos aparatos, uno para mí y otro para mis padres. Desarrollado por Gene Koonce, propietario de una tienda de reparación electrónica de Colorado y antiguo técnico de misiles del ejército que trabajaba en inventos en su tiempo libre, el *Vibe Machine* (que ahora se llama Quantum Pulse) es un avance triunfal en el campo de la medicina energética. La máquina utiliza tubos de espectro que contienen gases nobles (que se encuentran entre el rango del espectro infrarrojo y el ultravioleta) y un oscilador multiondas, cuya combinación produce luz biofotónica en un campo electromagnético dentro de un radio de 180 a 240 cm alrededor de la máquina.

La primera vez que Dede me recomendó que probara la Vibe Machine, estaba en Half Moon Bay, California, justo al sur de San Francisco. Mi madre, Charme Tate, estaba visitando la casa de un quiropráctico justo frente al océano. Half Moon Bay es una ciudad verdaderamente pintoresca que se extiende a lo largo del Pacífico. Hogar de "Maverick", una de las olas más grandes y brutales que a los surfistas les encanta domar, es un pueblo de moda con una verdadera vibración californiana donde la gente todavía monta a caballo en la playa. El Dr. Joe, la humilde dama de mediana edad propietaria de la Vibe Machine, tenía los ojos azul claro más diáfanos que jamás he visto (aparte de los del gurú de la comida cruda, Aajonus Vonderplanitz). Ella surfeaba todos los días, y tenía un brillo radiante en su piel. Nos contó que ella usaba la máquina por diez minutos al día, a diario. Nos sentamos cerca de ella en una habitación oscura durante tres minutos mientras la máquina hacía un fuerte ruido y los tubos de vidrio se iluminaban a medida que los diversos gases fluían a través de ellos. El efecto físico fue inmediato: la sensación de aumento en el cuerpo de la energía, la paz y la calma. Aunque la máquina vibratoria por sí sola no me curó de la Enfermedad de Lyme o de la sensibilidad química, sí me ayudó a sentirme mucho mejor y a aumentar mi energía. No fui capaz de usarla de forma consistente debido a que no podía transportar el gran aparato – en ese período yo me mudaba muy seguido –, así que puede que nunca sepamos el efecto que podría haber tenido si la hubiera usado de forma continua durante un largo periodo.

5

PREGUNTAS Y RESPUESTAS
CON DUKE

¿Cuál consideras que es la terapia más importante que hayas probado?

La mejor terapia física que he probado es el oxígeno estabilizado como Cellfood. También agua con hidrógeno para la desintoxicación. La vitamina D ha sido muy importante para mi salud inmunológica, por lo que tomo 10.000 (unidades internacionales) de ella cada día. Y EFT (Técnica de liberación emocional) y *Los códigos sanadores* del Dr. Alex Loyd me han sido muy útiles de diversas maneras para ayudar a que suelte mis trastornos pasados. Diría que estas cinco terapias son las que más han cambiado mi vida.

Háblame un poco sobre la desintoxicación. ¿Cómo la atraviesas?

Bueno, al hacer cualquier terapia – incluyendo la terapia emocional como la de los *Códigos sanadores* y el EFT – es muy importante ir despacio y no pasarse con ninguna.

<u>Nunca fuerces </u>nada. Incluso las terapias emocionales pueden causar cierto estado de desintoxicación que uno siente en forma de dolores de cabeza, dolores corporales e incluso diarrea. Personalmente nunca he experimentado una desintoxicación a causa del EFT o la TFT (Terapia del Campo del Pensamiento), pero sí la he vivido con estos códigos curativos especiales. Por lo tanto, siempre es importante no excederse con estos instrumentos. Ve despacio, con leves incrementos, y si llegas a un punto en el que atraviesas una desintoxicación gracias a un código de curación, tómate uno día (o varios) y descansa. Una vez, mientras trabajaba en algunos problemas con los Códigos Sanadores, me surgió una depresión – algo que nunca experimento –, razón por la cual usé el código de amor del Dr. Loyd (tomado de su libro *The Love Code*), que me resultó muy efectivo para curar la tristeza rápidamente. Trabajar con estos códigos es como pelar una cebolla. Cuando quitas una cosa, permite que otra pueda salir a la superficie.

Siempre que he tenido una desintoxicación, el comer arroz blanco parece ayudar a eliminarla. También beber mucha agua de manantial.

¿Cuánto tiempo estuviste enfermo?

Bueno, estuve enfermo mucho tiempo. Muchísimos años; diría que unos diez años de enfermedad aguda. Pero he lidiado con varios síntomas durante probablemente quince años. Recuperarse de una enfermedad crónica grave puede requerir perseverancia, determinación y fe. Nunca te rindas. Recuerda siempre que hay una respuesta ahí fuera... hay una solución. Diferentes cosas funcionan para diferentes personas y diferentes condiciones. Mantente fuerte y nunca pierdas la fe.

¿Cómo pueden los problemas emocionales llevar a problemas físicos?

El autor más vendido, el Dr. Bruce Lipton, doctorado en la Universidad de Stanford, habla de cómo los recuerdos se almacenan a nivel celular, afectando cada célula de nuestro cuerpo, y de esa manera los problemas emocionales pueden convertirse en problemas físicos. Eso no significa que no sean problemas físicos, solamente implica que es el estrés lo que originó el problema en algún nivel. El estrés reduce nuestro sistema inmunológico, causando todo tipo de desequilibrios. Dede dice que el cuerpo necesita un estado de paz para que el sistema inmunológico funcione correctamente. Siempre valdrá la pena abordar cualquier condición de múltiples maneras. Si tienes una condición física, tratar de eliminar los problemas emocionales es sabio; pero también es sabio ocuparse del problema físico, pues cuando la tienes... *es* una condición física. No hay nada malo en tratar de trabajar en el aspecto físico también. Sin embargo, si no se tratan los problemas emocionales subyacentes, puede que el problema físico desaparezca y regrese más tarde.

Cuéntame un poco acerca de tener un camino espiritual. ¿Cómo puede un camino espiritual deshacer el condicionamiento?

El objetivo de todos los caminos espirituales es deshacer todo condicionamiento en algún nivel, aunque sea un proceso lento. Y el camino lo aborda de muchas formas diferentes. Principalmente se trata de reentrenar el cuerpo, la mente y el espíritu para que actúen de diferentes maneras. En el libro hablo de los variados enfoques que mis maestros utilizaron conmigo para deshacer mi condicionamiento. La crítica positiva puede deshacer el condicionamiento. Eso es muy diferente de la crítica inconsciente porque el guía conoce los defectos del estudiante y cómo corregirlos, mientras que la crítica inconsciente a menudo apunta solamente a ridiculizar a alguien sin saber si será útil o hiriente. El crítico puede incluso sentir placer en esto, algo que un maestro de la tradición nunca haría.

Parte de mi camino ha sido la abstinencia. El sufrimiento consciente deshace el condicionamiento. El sufrimiento es diferente para cada persona. Algunos no están apegados en absoluto al café, los cigarrillos, el alcohol y la comida basura. Para otros como yo, que estamos muy apegados a esas cosas, son elementos que deben ser eliminados de nuestros hábitos.

De todas formas, todos tendremos que a la larga renunciar a esas cosas... cuando partamos de este lugar. Al morir, soltamos todo eso. Tomar esos pasos antes de morir es una forma de prepararse física, mental y emocionalmente para sostenerse sólo con la energía de Dios y no con todas estas otras cosas. Sin embargo, supongo que cuando una persona finalmente alcanza la iluminación esas cosas tienen tan poco efecto, que incluso pueden dejar bien plantada a una persona en el mundo. Por eso verás a todos estos maestros Sufis sentados fumando cigarros y bebiendo café. Lo han eclipsado totalmente y no tiene ningún efecto sobre ellos.

Pero en mi caso, renunciar a ciertas cosas a lo largo de mi camino me ha permitido deshacer algunos de mis condicionamientos, y vivir sin ellos ha contribuido a poder vivir una vida más espiritual.

Se trata de ser lo que los Sufis llaman el Dueño de la Elección. Si una persona tiene la compulsión de hacer algo, no es el Dueño de la Elección. No tiene la libre elección de hacerlo o no hacerlo. Eso se relaciona con el condicionamiento, ya que todos estamos adiestrados para desear cosas por razones emocionales. Lo hacemos para aliviar nuestro dolor y sufrimiento... o al menos eso creemos. Sin embargo, la cosa en sí se convierte en otra forma de sufrimiento que adoptamos.

Yo era extremadamente adicto al café. Pensé que lo necesitaba para escribir y ser feliz. Estaba totalmente equivocado, pero no podía verlo. Me transformó en un manojo de nervios, en un caso perdido. Mi escritura era desenfocada y estresante. Finalmente pude dejarlo... y no sabes lo feliz que estoy de haberme librado de él.

Cuéntame cómo es eso de tomar pistas de los sueños.

Cuando me enfermé por primera vez en 1999 comencé a tener sueños muy vívidos. Y he continuado teniendo sueños vívidos mientras estuve sintonizado con ellos. Incluso he tenido sueños que eran proféticos: al día siguiente lo soñado se materializaba en este mundo. Una vez, mientras vivía en Los Ángeles, soñé que un amigo con el que debía reunirme al día siguiente llamaba y me decía que no podría verme. Y por supuesto, llamó al día siguiente y eso es tal cual lo que dijo. En otra ocasión, perdí mi billetera y soñé con su ubicación.

Solía tener un terapeuta que ejercía la psicología profunda junguiana. Cuando interpretaba mis sueños, a veces acertaba por completo y otras en absoluto. Pero de todos modos me resultó muy útil. Lo más importante es ir detrás de aquello que para ti es obvio en el sueño: permite que ello penetre. Si no sabes qué significa, abstente de sobreanalizarlo; quédate con él y con el tiempo se te revelará. Los sueños pueden ser advertencias... pueden ser presagios. En mi último año de secundaria, estaba experimentando con drogas y tuve un sueño muy perturbador en el que estaba en una escalera de mi internado con un tipo que vendía drogas en la escuela. El sueño no tenía color... era sepia. Estábamos haciendo un trato por un poco de marihuana en el hueco de la escalera y el sueño terminó repentinamente. Ese sueño fue una advertencia para mí, ya que apenas había experimentado con drogas en mi último año de secundaria. El sueño me asustó. Se sentía como la muerte para mí; era un espacio frío. Y decidí dejar de hacer lo que estaba haciendo. Afortunadamente, contraje la Enfermedad de Lyme y me vi obligado a dejarlo todo. Fue una bendición disfrazada.

Lo más importante de los sueños es no pensar que una cosa determinada significará siempre lo mismo en cada ocasión. Por ejemplo, que una serpiente siempre significa engaño. Cada sueño incluye símbolos que adquieren un matiz particular dependiendo del momento de tu vida. Por ejemplo, en un sueño una serpiente puede significar engaño, y en otro acaso represente el renacimiento, pues una serpiente muda su piel. No me importan demasiado los libros de interpretación de sueños a menos que te enseñen sobre el simbolismo en general; pero nunca apliques esos símbolos sin conocimiento o percepción. El sueño es una cosa viva, tal como lo es una historia Sufi. Tiene una esencia, algo que intenta transmitirte. Poco a poco con el tiempo se revelará ante ti.

¿Cómo conviene abordar nuestra dieta?

Aunque no soy médico ni nutricionista, mi filosofía sobre la dieta es mantenerla simple y disminuir en general la cantidad de comemos. La dieta de la zona es, en mi opinión, el mejor marco de referencia que hay. Implica comer proteínas, carbohidratos y grasas en proporciones exactas calculadas por el Dr. Barry Sears. La forma más fácil de calcularla es llenar ¾ de tu plato con frutas y verduras y ¼ con una carne baja en grasa, y luego agregarle un poco de grasa saludable como aceite de oliva o aceite de coco. A veces es muy difícil de seguir, especialmente cuando viajas, porque requiere comer alimentos en porciones precisas.

Beber grandes cantidades de agua de manantial rica en hidrógeno, ingerir alimentos de buena calidad de fuentes no contaminadas, comer suficientes frutas y verduras crudas, y también comer menos carne – cosa que en Estados Unidos hacemos en exceso –, son todos muy buenos consejos dietéticos. Dado que ahora vivo en Tailandia, realmente creo en el poder de los chiles y la cayena. Me siento genial después de comer un plato picante con mucho chile. Aumenta la circulación y abre los senos nasales. Además, nadie en Tailandia come lácteos y todos son muy delgados. Mantenerse alcalino a nivel celular es muy importante también.[1] Como reglas generales, aconsejaría lo siguiente:

- bebe mucha agua estructurada verdadera
- nunca comas azúcar blanco
- nunca bebas licor fuerte (usa vino tinto en su lugar)
- minimizar los productos lácteos
- come sin gluten
- minimiza el consumo de huevos
- come muchas frutas y verduras crudas

Háblanos del EFT y los códigos de sanación.

Empecé a hacer *tapping* con TFT y EFT en el 2005. Los he utilizado para muchos asuntos desde entonces, y he tenido un gran éxito con ellos. Creo que los Códigos de Sanación del Dr. Alex Loyd logran resultados similares a los de EFT o TFT, aunque a menudo en un plazo mucho más corto para ciertas cosas. Creo que hay un tiempo y un lugar para ambos. Algunos temas, como las adicciones, pueden responder mucho mejor al *tapping* y otros, como las enfermedades, a los códigos.

Te daré otro ejemplo de cómo funcionan estos códigos a partir de mi experiencia con ellos. Tenía catorce años, y estaba yendo a una fiesta de instituto; no habíamos sido invitados a ella. Estando ya a punto de llegar, un muchacho grande y musculoso de otra escuela me empujó fuertemente mientras me decía que desapareciera de ahí. Engreído y estúpido, cometí el error de enfrentarlo. Y de inmediato me noqueó con un fuerte puñetazo, enviándome al suelo y rompiendo mis gafas.

Dado que apenas tenía catorce años, el efecto que dicho golpe tuvo en mí ayudó a que alimentar un deseo: el querer ser fuerte durante toda mi vida. No quería que me empujaran así nunca más. Yo era un larguirucho de catorce años que fracasaba miserablemente en todos los deportes que practicaba por ser flaco y débil.

Verás, había una mentira escrita en esa memoria de haber sido golpeado, porque ser musculoso no necesariamente te protege del daño ni te hace bueno en los deportes. Tenemos creencias condicionadas que no son verdaderas, escritas en nuestros corazones, y que afectan todo lo que hacemos. Sería mejor tomar una clase de artes marciales para aprender a defendernos antes que levantar pesas. Hay gente muy musculosa que no puede luchar bien. Pero en mi mente creía que, si era fuerte, estaría protegido y quizás también que sería sano. No hay nada malo en hacer ejercicio y ser fuerte si lo haces por las razones correctas. Los músculos aumentan el metabolismo para quemar grasa, luces mejor y el ejercicio libera endorfinas, lo que nos hace sentir bien. Pero estuve yendo al gimnasio toda mi vida por una razón diferente: para ganar una pelea. Practicar los códigos sanadores aclaró el verdadero significado del evento en aquella fiesta, y me liberó de mi reacción equivocada a ello.

Cuéntame de la paz.

El elemento más importante de mi camino espiritual ha sido la paz. Debido a que era un niño ansioso, experimenté mucho estrés y tensión. Aprender a estar quieto y no ahogarme en las redes sociales, la información y la televisión ha sido muy importante para mí. Ser capaz de sentarme y ser uno con todo lo que me rodea, sin tener que estar inundado de ruido todo el tiempo, ¡es tan saludable! También es importante aprender a estar en paz mientras haces cosas. Creo que aprendes a mantener la paz cuanto más familiarizado estás con ella. Por ejemplo, en mi caso, dejar el café es importantísimo para mantener un estado de paz. Algunas personas se comportan con total normalidad cuando ingieren cafeína, pero otras – como yo – son un manojo de nervios.

¿Cómo has curado tu trastorno de ansiedad?

Bueno, recientemente Ali Dede me envió un notable libro titulado *Respira* de James Nestor. En él discute la ciencia de la respiración y lo increíblemente importante que es respirar por la nariz. La respiración por la boca causa hiperventilación, lo que provoca ansiedad y pánico. Discuto los beneficios de la respiración por la nariz en el Libro 2 de esta serie. [2]

Doy fe de que respirar por la nariz durante todo el día me ha ayudado a eliminar casi por completo mi trastorno de ansiedad, que fue tan grave durante muchos años. Néstor cubre la técnica de respiración del atleta extremo holandés conocido como *The Iceman* (Wim Hof y su método homónimo), que consiste en respirar profunda y velozmente sin pausa, luego contener la respiración y volver a la respiración rápida, y repetir lo mismo durante muchas series. Este trabajo de respiración es aproximadamente similar al método budista tibetano de la respiración *tumo*. Se ha demostrado científicamente que el método de Wim estimula el sistema inmunológico.

Otras herramientas – como el trabajo interior que me dio Dede, las técnicas de EFT y TFT, y los Códigos Sanadores – también me han ayudado con mi ansiedad. Acaso el eliminar el café sea la cosa más importante que cualquiera puede hacer para detener la ansiedad, pues el café nos crea una deficiencia de magnesio (el mineral de la relajación) y contiene una enorme cantidad de cafeína, especialmente de las variedades *robusta*, que debe evitarse por completo.

¿Dónde estás ahora?

Ahora mismo, en Tailandia. Todavía no soy un Sufi, pero quiero serlo. Una cosa que estoy aprendiendo aquí es que los tailandeses viven en una especie de estado Zen natural. Existe la expectativa de que todos los hombres tailandeses se conviertan en monjes budistas a determinada edad.

Y todos aprenden a superar obstáculos sin hacer un gran alboroto.

Hablar constructivamente de un problema de modo que saque a la luz soluciones, puede ser muy útil; pero dar vueltas alrededor de los problemas sin final a la vista, solamente porque nos da una bizarra satisfacción, es contraproducente. Todos podemos aprender de los tailandeses este simple rasgo que nos permitirá evitar el atolladero de las quejas.

6

MUNDO CUÁNTICO

Hoy vivimos en tiempos sin precedentes. Con Internet y los teléfonos inteligentes, todo el mundo tiene acceso al conocimiento con solo pulsar un botón. Casi cualquier persona en cualquier lugar puede enviar un mensaje o un vídeo en cuestión de segundos a todo el mundo si así lo desea.

Es una época de milagros.

La computación cuántica está en alza, lo que debería acelerar la introducción de la Inteligencia Artificial (robots de IA) en nuestra vida diaria y aumentar el rol que las imágenes holográficas tendrán en el mundo tecnológico y cinematográfico.

Algunas tiendas están comenzando a usar drones para entregar paquetes en el día. ¡Imagínate!

El sistema financiero cuántico también está tomando el control, donde el lento y anticuado método Swift de envío de dinero se derrumbará, y este será transferido instantáneamente a través de varias criptodivisas.

Las monedas digitales del banco central (Central Bank Digital Currencies) empiezan a aparecer en el horizonte, como el yuan digital chino, que permitirá a la gente pagar con una aplicación para smartphone como si fuera dinero en efectivo.

Las impresoras 3D ahora pueden imprimir prótesis, casas y metal de cualquier forma al instante.

Todo está sucediendo tan rápido en este nuevo mundo, que es difícil mantener el ritmo. Es increíble, maravilloso y altamente estresante al mismo tiempo. Explora las terapias que comparto en este libro con gracia y amabilidad. Algunas fueron diseñadas para tranquilizarnos. Encuentra a un verdadero profesional de la salud como Dede, para que te ayude si lo necesitas.

Te deseo a ti y a tus seres queridos salud y bienestar en estos tiempos complicados. ¡Mantente a salvo!

RECURSOS

Página web de Ali Dede: https://sufismo.com

Canal de Dede en YouTube: https://rb.gy/gzerkv

Fundación Idries Shah: https://idriesshahfoundation.org/es

Sistema Kinslow: https://kinslowsystem.com/home

Códigos sanadores del Dr. Alex Loyd: https://www.dralexan
derloyd.com

NOTAS

1. El problema

1. El autor, inspirado en el libro del Dr. Greg S. Reid llamado *Stickability*, utiliza dicho término – que en inglés surge a partir de la palabra *stick* y *ability* – como una referencia a la cualidad de adherirse a cualquier cosa útil para el ser humano.

2. Salud cuántica

1. Ver página 9 - 10 en *Regalos de un guía: consejos de un maestro espiritual para una vida plena*
2. Ver página 2 en *Regalos de un guía: consejos de un maestro espiritual para una vida plena*
3. El término *brainspotting* proviene del inglés *brainspot* y significa literalmente "punto cerebral". Se trata de un **método psicológico innovador** que aborda el sufrimiento de forma más profunda y transformadora, ayudando a la persona a curar las heridas emocionales provocadas por un suceso traumático. Tomado de: https://www.elpradopsicologos.es/terapia/brainspotting/
4. Conocida como *Revelaciones* o *Lo que la verdad esconde*.

3. Tecnologías de la Espiritualidad

1. ¿Qué tal, Bob?
2. Mi pobre angelito.
3. Dos locos en vacaciones o Vacaciones familiares.

5. Preguntas y respuestas con Duke

1. Ver página 21 en *Regalos de una guía*
2. Ver página 15 en *Regalos de una guía*

ACERCA DEL AUTOR

Duke Tate nació en Mississippi, donde creció rodeado por una antigua tradición de narración de cuentos que es muy común en el sur de los Estados Unidos. Actualmente vive en el sudeste de Florida, donde disfruta de la pesca, el surf, la comida asiática y de los libros.

Aquí puedes ver su canal de YouTube, y su sitio web.

amazon.com/Duke-Tate

goodreads.com/9784192.Duke_Tate

facebook.com/duketateauthor

x.com/duke_tate

OTRAS OBRAS DE DUKE TATE
EN OTROS IDIOMAS

Bugspray

Short Reads

The Biscuit and *The Burger Flip Kid*

Santa's Magic Bag and *Bottom of the Ninth*

Sasquatch's Cereal and *Eccentrification*

The Venus 2.0

The Wordsmith

With Ken Tate

Only the Painting Knows the Whole Story and *The Pink Lady*

The Alchemy of Architecture: Memories and Insights from Ken Tate

With Wiphawan Tate

Musings of an American Redhead in Thailand

The Pearlmakers

Book 1: The Hunt for La Gracia

Book 2: The Dollarhide Mystery

Book 3: Gold is in the Air

The Pearlmakers: The Trilogy

Big John Series

Big John and the Fortune Teller

Big John and the Island of Bones

Big John and the Hitcher

Big John's Hair-Raising Misadventures: The Trilogy

My Big Journey

Returning to Freedom: Breaking the Bonds of Chemical Sensitivities and Lyme Disease

Gifts from A Guide: Life Hacks from A Spiritual Teacher

Quantum Living: A Life Full of Miracles

Translations

Gifts from A Guide: Life Hacks from A Spiritual Teacher - Dutch edition

Big John and the Fortune Teller - Thai edition

Upcoming Titles

The Cobbler

Thrive

Jericho Walker: Mississippi Lizard Hunter and Other Short Stories

M